सारिका

(कविता-संग्रह)

संगीता शर्मा 'संगम'

पूज्यनीय

माता-पिता

के

श्रीचरणों में

क्रम-सूची

प्रस्तावना

मेरा नाम संगीता शर्मा 'संगम' है। मेरा जन्म सन् 1994 में 12 मार्च को मेरे पैतृक गांव नगला वृन्दा में हुआ था।

मेरे पिता श्री अशोक शर्मा पेशे से जलनिगम से सेवानिवृत्त सुपरवाइजर हैं और मेरी माता श्रीमती यमुना शर्मा एक गृहिणी।

हम तीन बहनों (रीता शर्मा एवं कविता शर्मा) में, मैं सबसे बड़ी हूं।

हमारा सारा बचपन कृष्ण की पावन नगरी मथुरा में बीता है। मथुरा शहर का वर्णन कुछ शब्दों में नहीं किया जा सकता, मथुरा शहर बिल्कुल ऐसे है जैसे धरती पर दूसरा बैकुंठ।

मुझे बचपन से ही पढ़ने का बहुत शौक था लेकिन स्कूल में जाकर पढ़ाई करना, मेरे लिए थोड़ा मुश्किल था क्योंकि जब मैं छह महीने की हुई तो डॉक्टर ने बताया कि मैं शायद ही अपने पैरों पर चल पाऊंगी। इस वजह से मैं घर पर ही अपनी मम्मी से पढ़ा करती थी, मेरी मां ही मेरी पहली शिक्षक हैं।

शुरुआत में हमें यह बताया गया कि मुझे पोलियो है पर जब 11 साल की उम्र में मेरा एडमिशन एक विशेष स्कूल में हुआ तब मुझे पता चला कि मुझे कभी न ठीक होने वाली मस्कुलर डिस्ट्रॉफी (मांसपेशियां विकार) नाम की एक बीमारी है।

इस बात को स्वीकार करना मेरे लिए बहुत मुश्किल था क्योंकि मुझे लगता था कि मैं जल्दी ही अपने पैरों पर चलने लगूंगी। मगर मैंने खुद को यह समझा दिया कि क्या हुआ,

"जो पैरों से न चल सकूं, हौसले से उड़ा तो जा सकता है",

और फिर जो होता है वो अच्छे के लिए ही होता है। अब मेरे जीवन का एक ही उद्देश्य था, खुद को शिक्षित करना।

मैंने अपनी आठवीं कक्षा तक की शिक्षा आशा स्कूल से की जो कि एक विशेष स्कूल है। यहां मुझे मेरे शिक्षकों ने सिर्फ किताबी ज्ञान ही नहीं बल्कि जीवन का ज्ञान भी दिया।

उसके बाद मैंने घर पर रहकर ही NIOS से अपनी दसवीं से लेकर बारहवीं तक की शिक्षा पूरी की।

फिर मैंने IGNOU से क्लिनिकल साइकोलॉजी के क्षेत्र में बी.ए और एम.ए किया।

मुझे बच्चों को ट्यूशन पढ़ाना, पेंटिंग करना और कहानी व कविताएं लिखना बहुत पसंद है।

लिखने की प्रेरणा मुझे मेरे जीवन के अनुभवों से और समाज में घटित हो रही घटनाओं से मिली है।

'सारिका' मेरी पहली पुस्तक है जिसमें मैंने बहुत से विषयों को कलमबद्ध किया है।

जैसे 'बेटी: एक अंश या वंश' जो स्त्री के साथ हो रहे दुर्व्यवहार पर प्रकाश डालती है, 'तुझे चलना होगा', जीवन में बुरे वक्त को पार कर आगे बढ़ने की प्रेरणा देती है।

'सब हैं एक समान' व 'आखिर इतना फर्क क्यूं' शीर्षक से प्रकाशित कविताएं हिंदू, मुस्लिम व अन्य धर्मों को आपस में प्रेम भाव से रहने का संदेश देती हैं।

मैंने 'पुरुष भी एक इंसान है' विषय पर भी लिखा है जो ज्यादातर अनछुआ रह जाता है। पुरुष के विषय में अक्सर कम ही लिखा जाता है।

मैंने 'सखी' शीर्षक से भी एक कविता कलमबद्ध की है जो उन छोटी छोटी खुशियों के बारे में है जिन्हें हम जीवन में जगह नहीं देते, ठुकरा देते हैं और फिर एक दिन उन छोटी खुशियों को पाने के लिए तरसते हैं।

मैंने अपने आदर्श 'स्टीफन हाकिंग' के व्यक्तित्व को भी कलमबद्ध किया है और आशा करती हूं कि आप सब उनसे प्रेरणा लेकर, जीवन में हर एक बाधाओं को पार करते हुए आगे बढ़ेंगे।

इस पुस्तक में मैंने पिता, कुछ ऐसा लिख दूं, जीने को जी चाहता है, प्लावन, एक रात, बेहतर होगा मैं अकेले ही चलूं, कर्मपथ, शिक्षक एक फरिश्ता आदि विषयों पर भी लिखा है।

अपने पाठकों को मेरा एक ही संदेश है कि जीवन आसान होता नहीं है, उसे आसान बनाना होता है। हां ये हो सकता है कि आप कुछ पल के लिए ठहर जाओ, ऐसा लगे जैसे सब कुछ खत्म हो गया हो लेकिन फिर भी हिम्मत मत हारना उस समय अपनी तुलना उन लोगों से करना जिनके पास आपके जितना भी नहीं है।

तब आपका दिल आपको खुद आगे बढ़ने को कहेगा। आगे बढ़ने का नाम ही जीवन है।

इंसान का जीवन प्रकृति की देन है और इसे लेने का हक भी प्रकृति का ही है, आप बेवजह ही प्रकृति के खूबसूरत तोहफे को नष्ट न करें और न ही छोटी छोटी बातों से इसे बोझिल बनाएं, गलतियों से सबक लें, उन्हें फिर से न दोहराएं,

एक बात याद रखें आप एक इंसान हैं, कोई मशीन नहीं जो हमेशा परफेक्ट हों।

सबसे महत्वपूर्ण संदेश अपने माता पिता को सबसे ज्यादा प्यार और सम्मान दें। हमेशा उन्हें वक्त दें।

'सारिका' मेरी पहली पुस्तक है, मेरी हार्दिक इच्छा भी रही है कि मैं लेखन की दुनिया में कदम रखूं, अब वो सपना पूरा हो रहा है और ये सब श्रीकृष्ण के आशीर्वाद, मेरे माता-पिता के आशीर्वाद व अन्य परिवारजनों (ललित, रीता, कविता व शाम्भवी) के प्रेम के कारण ही संभव हो पाया है। इसके लिए उनका दिल की गहराइयों

से धन्यवाद और उनसे भी ज्यादा ईश्वर का जो उन्होंने मुझे इस परिवार का हिस्सा बनाया।

मैं अपने शिक्षकों का पूरी ईमानदारी से आभार व्यक्त करती हूं| मेरे जीवन में उनके जैसा शिक्षक होना किसी वरदान से कम नहीं है।

मेरे प्यारे मित्रों को भी बहुत सारा प्यार, जिन्होंने हमेशा अपने प्यार और साथ से मेरे जीवन में खुशियों का माहौल बनाए रखा।

वरिष्ठ साहित्यकार, आदरणीय डॉ. दिनेश पाठक 'शशि' सर जी का मैं हृदय से आभार व्यक्त करती हूं, उन्होंने मेरा निवेदन स्वीकार कर इस कविता संग्रह की भूमिका लिखी। मेरे जीवन में भी मार्गदर्शक की भूमिका निभाई|

आशा करती हूं कि अपनी कविताओं के जरिए मैं अपने पाठकों का मन छूने में सफलता प्राप्त करूंगी।

आप सबका प्यार और आशीर्वाद, सराहना के रूप में प्राप्त करूंगी।

संगीता शर्मा 'संगम'

46, अल्का पुरी, बालाजी पुरम

मथुरा- 281006

मोबाइल नंबर-9627308047

ई.मेल- sangeetasharmajee@gmail.com

भूमिका

युवा कवयित्री कु. संगीता शर्मा 'संगम' के प्रथम कविता संग्रह- "सारिका" की पाण्डुलिपि के अवलोकन का अवसर मिला। प्रत्येक मनुष्य के जीवन में सुख-दुख, यश-अपयश और हानि-लाभ के संयोग बनते ही रहते हैं। जो इन सभी स्थितियों में समभाव से स्थिर रह पाता है, वह राजा रामचंद्र सरीखा कोई बिरला ही व्यक्ति होता है। संगीता जी जीवटता का साक्षात प्रमाण हैं। जन्म से ही शारीरिक रूप से अक्षम होते हुए भी उन्होंने क्लीनीकल साइकोलॉजी में एम.ए. किया है और आगे पीएच.डी. की तैयारी में हैं। अपने भावों की अभिव्यक्ति के लिए वह काव्य का सहारा लेती हैं।

सारिका काव्य संग्रह उनकी प्रथम कृति है किन्तु जीवन के अनुभवों ने उनकी रचनाओं को परिपक्व बनाया है। संग्रह में कुल 18 कविताएँ हैं। प्रथम कविता कन्या भ्रूण हत्या पर प्रश्न करती हुई कविता है, तो कविता 'सब हैं एक समान' और 'आखिर इतना फर्क क्यों' में उन्होंने धर्म-सम्प्रदाय और मंदिर-मस्जिद के नाम पर झगड़ते मानव को लताड़ा है। इससे बेहतर उन्होंने पक्षियों को बताया है जो इन धर्म स्थलों में कोई भेदभाव नहीं करते-

वो पंछी भोले लगते हैं

जो मंदिर से मस्जिद उड़ते हैं

इंसानों जैसे धर्मांध नहीं

धर्म का सही अर्थ समझते हैं।

संग्रह की कविता- 'तुझे चलना होगा' संघर्षों के बीच रास्ता बनाते हुए चलने को प्रेरित करती कविता है, तो 'पुरुष भी एक इंसान है' कविता पुरुष के दुख-दर्द, जिम्मेदारियों आदि का उल्लेख

करते हुए पुरुष की पक्षधरता करती हुई कविता है वहीं 'पिता' कविता भी पिता के रूप में अपने कर्तव्यों का निर्वहन करते एक पुरुष के वास्तविक स्वरूप को उद्घाटित कर रही है।

मनुष्य का जीवन अमूल्य है। कैसी भी विषम परिस्थितियाँ क्यों न हों इस जीवन के रहते ही आकांक्षाओं की संपूर्ति की आशा की जा सकती है। कवयित्री भी एक संवेदनशील प्राणी है और वह भी हर हाल में इस जीवन को श्रेष्ठ बनाने के लिए प्रयासरत रहना चाहती है।

जीवन में सत्पथ का अनुगमन करने की प्रेरणा देती कविता है-कर्मपथ तो शिक्षक के महत्व को दर्शाती कविता है-शिक्षक एक फरिश्ता।

कु. संगीता शर्मा 'संगम' के काव्य संग्रह-'सारिका' में जीवन के सघन अनुभव और अनुभूतियों के फलस्वरूप उत्पन्न विचारों का उद्घाटन करती हुई और जीवन के सकारात्मक पक्ष की पक्षधरता करती कविताओं को संग्रहीत किया गया है। निश्चित ही संगीता जी की ये कविताएँ सामान्यजनों को भी जीवन संघर्षों के बीच नये रास्ते तलाशने को उत्प्रेरित करने में समर्थ सिद्ध होंगीं।

पुस्तक का हिन्दी साहित्य जगत में भरपूर स्वागत होगा, ऐसी आशा है।

डॉ दिनेश पाठक 'शशि'
28, सारंग विहार, मथुरा-281006
मोबा-9870631805

1. बेटी: एक अंश या वंश

अभी गर्भ में ही थी
जब मालूम हुआ
मैं एक बेटी हूं,
बेटा नहीं।
सुनकर मेरे आने की ख़बर,
सभी दबे स्वर में, कहने लगे
"कोख में ही मरवा दो"
इसे जीने का अधिकार नहीं।
आएगी दुनिया में, खर्चा बढ़ाएगी
यौवन आते ही, बोझ बन जाएगी
अंश है बाप का, तो क्या हुआ?
उसका वंश थोड़े ही बढ़ाएगी।
सुनकर ये बातें,
मैं नन्हीं सी जान सहम गई
सुबकती-सुबकती अपनी मां से
हज़ारों सवाल कर गई।
मैंने पूछा मां
"क्या तुम भी ऐसा चाहोगी?
छीन लोगी जीने का अधिकार
मुझे कोख में ही मरवाओगी?"
न दे सकी मां
मेरे सवालों के जवाब

बस बिलक बिलक कर, रोने लगी
बोली
"नहीं है मुझे फैसले लेने का अधिकार
क्यूंकि मैं हूं, एक स्त्री।"
"तू हिस्सा है मेरा लाड़ो
आखिर तुझसे जीने का अधिकार,
कैसे छीन लूं
महीनों कोख़ में रखा है
ज़िन्दगी मौत का सफर
तुझे तय करते, कैसे देखूं।"
मगर तू ही देख
अभी तू आयी भी नहीं दुनिया में
सभी की जुबां पर हज़ारों सवाल हैं
कोई अंश कहता है, कोई बोझ कहेगा
तेरे खर्चों का करने लगे हिसाब हैं ।
ज़माना बड़ा ख़ुदग़र्ज़ है
बेड़ियों में क़ैद करेगा
तू रिहाई को तरसेगी, मगर रिहा नहीं करेगा
तू दो कुलों में दीपक बन, उजियारा फैलाएगी
ये तो भी तुझे "बाप का वंश" नहीं कहेगा।
बड़े बेरहम हैं, ज़माने के लोग
तेरा दर्द कभी न समझेंगे
आबरू तेरी जाएगी, तेज़ाब तेरी सूरत पर होगा
फिर भी हज़ारों सवाल तुझसे ही
सुनकर मां की बातें
उनके दिल का हाल समझ गई
मरना अब भी है, मरना तब भी पड़ेगा

यही सोच कर सब्र कर गई।
अब जल्दी आएगा वो दिन
जब हर मां के होंठों पर
बस एक ही फरियाद होगी
न दे रब किसी को बेटी
क्यूंकि कोई भी मां, अपनी बेटी को
मरते हुए न देख सकेगी।।

2. स्टीफ़न हॉकिंग

नतमस्तक हो गई मौत
उसके सामने
उसकी जिन्दादिली ने
मौत को भी हराया
उसके सीने में जलती रही
ज्वाला की लौ
उसने जीवन चक्र को भी
अपने हिसाब से चलाया।
थम चुकी थी पदयात्रा
मगर, हौसले को पंख बनाकर
आसमानों में उड़ना जानता था
इधर मुश्किलें रणनीति बनाती रहीं
उसके हौसले को तोड़ने की
उधर वो अंतरिक्ष की सैर किया करता था।
वो था एक सितारा
आया था आबाद करने इस जहां को
अपने ज्ञान से कर आबाद
तमाम ज़िन्दगियों को
वो सितारा
वापस, सितारों के जहां को चला गया।
पुरुषों में उत्तम, पुरुषोत्तम हैं वो
प्रेरणा का सागर, प्रेरणास्त्रोत हैं वो

इक फ़रिश्ते के जैसे, दानेश्वर हैं वो
जो हैं 'अमर' ज्ञान के रूप में
ऐसी पुण्यात्मा, ज्ञानेश्वर हैं वो
मेरी कलम भी रो पड़ी
मेरे 'आदर्श' की सराहना करते करते
एक सच्चे मार्गदर्शक, सर्वोत्तम हैं वो।।

3. तुझे चलना होगा

संभल कर गिर या गिरकर संभल
फिर भी तुझे चलना होगा
जीवन संघर्षों का दूसरा नाम है
तुझे इससे लड़ना होगा।
हर मोड़ पर मिलेंगे, भिन्न भिन्न सांचे
तू चाहना या मत चाहना
फिर भी इन सांचों में
तुझे ढलना तो होगा।
कभी आसमां पर तारे सजेंगे
कभी घना अंधेरा होगा
बस तू हिम्मत मत हारना
तुझे घने अंधेरे में भी
जुगनू बन चमकना होगा।
जो नहीं मिला
कभी उसकी शिकायत न करना
जो मिला है
हमेशा उसकी हिफ़ाज़त करना
तुझे जो भी मिला है, जैसा भी मिला है
सारा मिला है या फिर अधूरा मिला है
तुझे हर हाल में
उस पर सब्र करना होगा।
वक्त ज़ाया मत करना देखने में

कौन तुझसे पीछे रह गया
कौन तुझसे आगे निकल गया
बस तू कमी मत करना
शिखर तक पहुंचने में
तुझे वक्त की नज़ाकत को समझना होगा।
जीवन में कुछ लम्हे ऐसे भी होंगे
जब कोई परवाह करने वाला होगा
कुछ लम्हे ऐसे भी होंगे
जब सिर्फ तन्हाई का सागर होगा
बस तू डूबने मत देना
खुद को उस सागर में
तुझे सागर की लहरों में ढलना होगा।
कभी प्रतिकार का तूफान चलेगा
कभी सराहना की बौछार होगी
मुस्कुराकर, सीने से लगा लेना
इन तमाम बातों को
जीवन सुख दुःख का संगम है
तुझे समझना होगा।

4. पिता

धूप में सर पे
छांव की तरह
संघर्ष में मेरे,
विश्वास की तरह
वो हैं विस्तार,
मैं सार की तरह
मैं ख्वाहिशों का आकार
वो चित्रकार की तरह
वो हैं सूर्य
मैं चांद की तरह
मेरे पिता
निस्वार्थ प्रेम का प्रवाह।

5. कुछ ऐसा लिख दूँ

कुछ ऐसा लिख दूं, पन्ने पर
जो इन्द्रधनुष सा प्यारा हो।
हैं इन्द्रधनुष में सात रंग
उसमें उससे भी ज्यादा हों।
थोड़ी संयम की परिभाषा
कुछ मर्यादा का ज्ञान भी हो।
सब उलझे रहे जवाबों में
वो निरुत्तर होके बलवान हो।
हो सागर जैसी गहराई
ईश्वर की नेक इबादत हो।
हो प्रेरणा का प्रतिबिंब
समर्पण ही उसकी आदत हो।
निस्वार्थ सा बहता गंगाजल
पवित्र जैसे पुराण हो।
चहुं ओर लिए ग्रह, सूर्य सा
हो प्राणरहित, पर प्राण हो।
सुनो कलम! समझो अंतर्मन
अब विस्तार को संक्षिप्त करो।
जो इन्द्रधनुष से ज्यादा है
वो 'प्रेम' शब्द अंकित करो।

6. सब हैं एक समान

हिन्दू, सिख,

ईसाई, जैन, पारसी

बौद्ध और इस्लाम

ग्रंथ गवाही देते न थकते

सब हैं एक समान।

जो भी बोला गुरू ग्रंथ साहिब ने

वही बोलीं गीता, कुरान

सहमति जताकर बोली बाइबल

अन्य में भी यही ज्ञान।

ग्रंथों में भी एकता, फिर क्यूं बैरी इंसान?

लहू की होली रास आ गई वैरागी हुए प्रेम, ईमान।

पुष्प और सुमन

दो शब्दों को सुनकर

ज्ञानी बोले अर्थ समान

शोर मचाकर बोले मूर्ख

हम देंगे भिन्नता का प्रमाण।

यही हाल है धर्मों का भी, शास्त्र हो गए मौन

शस्त्र उठाकर बोला मानव, हमसे बेहतर कौन?

7. पुरुष भी एक इन्सान है

स्त्री को सबने सुना
पुरुष को भी किसी ने सुना होता
मन के भीतर दफ़न करता रहा, बहुत कुछ
काश! किसी ने उसके हृदय को,
श्मशान में तब्दील होने से रोका होता।
ज़्यादा अपेक्षाएं नहीं हैं,
ज़्यादा ख्वाहिशें भी नहीं रखता
पुरुष भी एक इंसान है,
कोई क्यूं नहीं समझता।
जब उलझता है खुद में, मौन हो जाता है
स्त्री की तरह ही जीता है, सबके लिए
पुत्र, भाई, पति, पिता के रूप में,
सिद्दत से हर फ़र्ज़ निभाता है।
बचपन से ही उसे
कठोर होना सिखाया जाता है
पुरुष दृढ़ है
स्त्री जैसा कोमल हृदय नहीं
उसे बार बार याद दिलाया जाता है।
पुरुष को 'पौरुष' की तालीम दी जाती है
पौरुष अर्थात बल
पौरुष अर्थात भावनाओं पर नियंत्रण
पौरुष अर्थात ज़िम्मेदारियां

पौरुष अर्थात अश्रु रहित
उसे यही सब तो रटाया जाता है।
ऐसे रूढ़िवादी समाज में
पुरुष को 'पौरुष' समझ में आता है
सीख लेता है, भावनाओं पर नियंत्रण
हो जाता है कठोर

इतना कठोर

कि लफ़्ज़ भूल जाता है।
फिर अपने भारी मन को लिए
खामोशियों से मिलने जाता है
कितनी कठोर परिभाषा सिखाई जाती है
पुरुष को 'पौरुष' की
उसे तो खामोशियों से
बात करना भी नहीं आता है।
कभी जाना दिल के क़रीब
वो कुछ सुनाना चाहता है
कभी फुर्सत से झांकना आंखों में
वो कुछ कहना चाहता है
पुरुष भी एक इंसान है
कोई क्यूं नहीं समझ पाता है।

8. जीने को जी चाहता है

जीने को जी चाहता है
आ जाय जान, बेजान क़दमों में
अब चलने को जी चाहता है
हो जाऊं रिहा इस क़ैद से
अब और सहा नहीं जाता है।
कितने अरमान दफ़न हैं
इस दिल में
कितने सपने मर गए मेरे
जीवन की इस दौड़ में।
अनगिनत अनकही बातें हैं
जो न बयां हुई हैं शब्दों में
बेशुमार ऐसे लम्हे हैं
जो जीये ही नहीं, इस दुनिया में।
क्यूं न कुछ ऐसा हो जाए
एक ऐसा जहां मिल जाए
मैं पंख लगाकर उड़ जाऊं
मेरे सपने पूरे हो जाएं।
कोई ख्वाहिश न बाकी रहे
जहां अकेलेपन का एहसास न हो
बस सुकून की सांसें आती हों
जहां अधूरेपन का निशान न हो।
कोई ऐसा साथी साथ चले

जो प्रेरणास्त्रोत कहलाता हो
फिर छेड़ दे ऐसे गीतों को
जिनमें हर रंग समाया हो।
हर रंग में प्यार बरसता हो
न खुशी के लिए कोई तरसता हो
जहां विश्वास के ही फूल खिले
न किसी भी डर का साया हो।
कुछ कहने को जी चाहता है
कुछ सुनने को जी चाहता है
अब बहुत हुआ यूं घुट घुट कर जीना
अब जीने को जी चाहता है।।

9. प्लावन

सदियों पहले, धरा मैली हुई
जल प्लावन हुआ,
धरा में फिर प्राण आ गए।
धरा फिर मैली हो गई, गोविंद!
अब तो जल भी मैला है
त्याग देना विचार,
जल प्लावन का हो तो
इस बार प्रेम प्लावन बेहतर है।

10. सखी

गुनहगार हूं मैं
मैंने गुनाह किया है
रंगे हैं मेरे हाथ
उस मासूम के खून से
जो बेगुनाह थी
मैंने फिर भी उसको मार दिया है।
जानना नहीं चाहोगे
कौन है वो मासूम,
कैसी दिखती है?
सुनो जान लो
उसकी मासूमियत से रूबरू हो जाओगे
आज जिन गुनाहों की
गिरफ़्त में हूं मैं
शायद ऐसी ग़लती
तुम नहीं दोहराओगे।
जानते हो
उस मासूम का नाम 'खुशी' था
वो तो बस
मुझमें समाकर,
मेरी हंसी बनने आयी थी
शायद, अकेली थी क़ौम में
कोई नहीं था उसका

इसीलिए, मेरी सखी बनने आयी थी।
जलती थी
क्यूंकि मेरा मन
ग़म की परवरिश में लीन था
हर बार झटक दिया
उस मासूम के हाथ को
हर बार ग़म का हाथ पकड़ लिया।
कभी उम्मीदों में लिपटकर
कभी विश्वास बनके
कभी संयम को लेकर
तो कभी धानी चुनर ओढ़ के
अक्सर, आकर बैठ जाया करती थी सामने
अपना मासूम सा चेहरा लिए
नए नए वेष बदल के।
वो आती रही
मैं टालती रही
वो ज़िद्दी थी
मैं भी ज़िद्दी बन गई
वो रुकी नहीं
मैं झुकी नहीं
वो मासूम थी
मैं ग़म के कारण अंधी
वो बेगुनाह थी
मैं फिर भी उसे मारने चल दी
आखिरकार,
मैंने उसे मार दिया
सखी तो नहीं

उसकी खूनी जरूर बन गई।
वो लेने आया करती थी, मुझे
खुशियों के संसार में
पर मैं तो
घने अंधेरों में चली गई।
अब प्रायश्चित के साथ
उसके लौटने की राह देखती हूं
फिर से आएगी सखी
जीने की वजह लेकर
ऐसी कल्पनाओं में जीती हूं।
काश लगाया होता
उसे गले से
उसी की परवरिश की होती
न जाती खुशी मुझसे दूर
मेरी सखी बनके रहती।
मैंने तो मार दिया उसे
ये गुनाह, तुम मत दोहराना
जब भी आये
वो पागल मासूम यहां वहां से
तो सखी कहकर
गले से लगा लेना।

11. एक रात

एक रात,
दो रूप बनाकर आयी
किसी के लिए वेदना
किसी के लिए संवेदना लायी।
रात मनहूस थी
सिद्धार्थ चले गए
यशोधरा को छोड़कर
रात मुबारक साबित हुई
संसार नया हो गया
गौतम बुद्ध को पाकर।

12. बेहतर होगा: मैं अकेले ही चलूं

क्यूं किसी का ख्वाब बनूं?
क्यूं किसी का ख्वाब बुनूं?
मेरा बाट देखती राहों में
बेहतर होगा मैं अकेले ही चलूं।
मैं अविरल बहती नदियां हूं
फिर बाधाओं से क्यूं डरूं
मेरे हिस्से मेरा अर्णव है
कोई और तमन्ना क्यूं रखूं
बेहतर होगा मैं अकेले ही चलूं।
काजल, मेंहदी, हल्दी, चन्दन
क्यूं ऐसे श्रृंगार करूं
मैंने श्रृंगार किया है, प्रतिज्ञाओं का
अब उनसे ही अलंकृत हूं
छोड़ ऐसे विकर्षण को
बेहतर होगा मैं अकेले ही चलूं।

13. कर्मपथ

तुम फूल हो बहार का
जिसे ऋतुराज, मस्तक पर सजाएगा
सौंदर्य को तुम्हारे देखकर
मधुकर भी
मुग्ध हो जाएगा।
बहुमूल्य तोहफा हो तुम
जो आया है
फ़िज़ा की आगोश में
तुम्हारे आगमन का जश्न तो
वसंतदूत भी मनाएगा।
जब भरेगी यामिनी तुम्हें
अपनी बाहों के घेरे में
तब दूर तक बिखरी
तुम्हारी खुशबुओं में लिपटकर
कोई तुम तक दौड़ा चला आएगा।
कभी नज़रों में क़ैद करेगा तुम्हें
कभी नज़र उतारना चाहेगा
फिर उलझकर, इस जद्दोजहद में
वहीं बैठ, दरख़्त के तले
बांसुरी को होंठों पर सजाएगा।
बांसुरी गाएगी लोरियां
चकोर साथी बनेगा

स्पर्श करोगे तुम, विधाता के चरणों को
ऐसा भी एक दिन
तुम्हारे जीवन में रहेगा।
पर सुनो
थोड़े गंभीर हो जाओ
ढेरों प्रशंसाओं को सुनकर
अहंकार के दरिया में
मत डूब जाना।
जो कही है गाथा मैंने, तुमसे
तुम्हारे वजूद की है
सदा खुशबुएं लुटाना
और
कर्मपथ पर ही चलते जाना।
जिस मिट्टी में जन्म लो
उस मिट्टी का गर्व कहलाना
जो बिछड़ो भी तुम शाख से
तो मूरत पर अर्पण हो जाना
सर्वस्व लुटाकर अपना, वर्चस्व बढ़ाना।

14. कविताओं का शक

आज कविताओं ने
मुझ पर शक किया
पूछने लगीं,
"तुमने हमें धोखा तो नहीं दिया?"
मैंने भी प्यार से,
कविताओं को मना लिया
स्याही को गंगाजल
पन्नों को पाक बता दिया।
जितना मेरा मन,
कल से आज तक जान पाया
फ़कत् उतने ही भावों को
शब्द बनाकर, तुम्हें बताया।

15. आखिर इतना फर्क क्यूं?

आखिर इतना फर्क क्यूं, तू हिंदू, मैं मुसलमान
तेरे अल्लाह, मेरे श्रीराम इंसानियत का ऐसा हस्र क्यूं?
आखिर इतना फर्क क्यूं?
तू गीता पढ़, मैं कुरान पढ़ूं
तू आरती कर, मैं अज़ान सुनूं
भेदभाव की खाई, इतनी गहरी क्यूं?
आखिर इतना फर्क क्यूं?
वो पंछी भोले लगते हैं जो मंदिर से मस्जिद उड़ते हैं
इंसानों जैसे धर्मांध नहीं धर्म का सही अर्थ समझते है
कभी मंदिर में फुदकते हैं कभी मस्जिद में चहकते हैं
'भेदभाव की खाई' को लांघते रोज़ सब को एक समझते हैं।
फिर इंसानों में से इंसानियत, खो रही है क्यूं ?
आखिर इतना फर्क क्यूं?
ये जो रंग कुदरत ने बिखेरे हैं
अब तो रंग भी हो गए, तेरे मेरे हैं
मज़हब के नाम पर रंगों को बांट दिया क्यूं?
कुदरत के करिश्मे से ऐसा खेल रच दिया क्यूं?
आखिर इतना फर्क क्यूं?
अल्लाह, मौला, श्रीराम कहो
या शिवशंभू, घनश्याम कहो

चाहे रामायण, गीता, कुरान पढ़ो
या होली, दिवाली, रमज़ान हो
सब में प्यार अपनापन समाया है
धीरज धरो, इस ओर ध्यान करो
प्यार, मोहब्बत, अपनेपन को
नफ़रत से ढक दिया क्यूं
आखिर इतना फर्क क्यूं?
जब खुदा ने संसार बनाया था
ज़मीं पे बंटवारे का पैग़ाम न भिजवाया था
फिर इंसान तेरे मन में बंटवारे का भाव,
जाग गया क्यूं?
क्या, रसखान, हरिदास को भूल गया?
क्यूं, थाम कर हाथ बैर का
एकता से मुंह फेरता है, यूं
आखिर इतना फर्क क्यूं
इंसानियत का ऐसा हस्र क्यूं
आखिर इतना फर्क क्यूं?

❧❧❧

16. फिर कभी

तुमसे बात करने का मन है
पर मैं व्यस्त हूं
चलो फिर कभी।
तुम अक्सर याद आते हो
तुमसे मिलने का मन है
पर मैं व्यस्त हूं
चलो फिर कभी।
जी चाहता है
उड़ेल दें, अपने जज्बातों को
एक दूसरे में
पर मैं व्यस्त हूं
चलो फिर कभी।

17. शिक्षक एक फरिश्ता

खुदा खुद न आया
ज़मीं पे उतर कर
मगर फरिश्तों को
शिक्षक के अवतार में
ज़मीं पे उतारा है।
इनके होने से जिंदगी में रोशनी है
इन्होंने हर पल जिन्दगी को संवारा है
जो न हों ये फ़रिश्ते तो
जीवन आधारहीन है
इन्होंने रंग भरे हैं सपनों में
इनका स्वभाव ही जैसे सीख है।

18. मेरी ज़िंदगी

सीमित संसाधनों में,
खुद को साधने की जंग है ज़िंदगी।
जिस रंग से इंसान को परहेज है
हमें विरासत में मिला, वही रंग है ज़िंदगी।
औरों के लिए जो मौन है, एकांत में
मेरे भीतर गूंज रहा, वही संगीत है ज़िंदगी।
गिरना संभलना रच दिया, रचयिता ने
बस इसी का अनुसरण है ज़िन्दगी।